RECUEIL

DE

POESIES NOUVELLES

DE M. DADER.

Sur divers Evenemens de ce tems.

A PARIS,

Chez PIERRE BALLARD, Imprimeur
& Libraire, ruë S. Jacques, vis-à-vis la
ruë des Mathurins, à Sainte Cecile.

M. DCCI.

AVEC PERMISSION.

AVIS AU LECTEUR.

SI ces Ouvrages ont le bonheur de plaire au public, on continuera d'en donner tous les mois un petit Recüeil.

SUR LA MORT DE MONSIEUR FRERE UNIQUE DU ROY.

 Uel mélange confus de joye & de tristesse
Se répand aujourd'huy dans l'Empire François?
PHILIPPE couronné nous comble d'allegresse,
Et PHILIPPE au cercüeil nous reduit aux abois.
Le sort de tous les deux, SEIGNEUR, est vôtre ouvrage.
Vous fixez le destin des Princes & des Rois,
  Et la regle de leur partage
  Ne se trouve que dans vos Loix:
Mais, toûjours pour leur bien vôtre amour s'interesse;

Gloire, Grandeur, Trône, cercüeil,
Comble de joye, excés de duëil
Tout dépend de vôtre Sageſſe;
Elle ſeule fait aujourd'huy
Et nos beaux jours & nôtre ennuy;
Mais, ſoit qu'elle nous flatte, ou qu'elle nous chatie
Vos bontez ſont, SEIGNEUR, toûjours de la partie.

ODE
SUR LE RETOUR
DE MESSEIGNEURS LES PRINCES
LE DUC DE BOURGOGNE,
ET
LE DUC DE BERRY.

Muses, d'où vient vôtre silence ?
Nos chers PRINCES sont de retour;
A la Ville comme à la Cour
On ne voit que réjoüiſſance.
Tous les Peuples ſont ſi contens
De voir ces PRINCES éclatans
Venir du fond de leur Empire,
Qu'ils ſoûtiennent tous éblouïs,
Que ces deux Aſtres qu'on admire,
e cedent qu'au Soleil qui fait fleurir nos lys.
Pendant que la France & l'Eſpagne
Tour à tour ſe donnent leur foy,

Que le Tage fier de fon Roy
Rit du projet de l'Allemagne :
Lorfque PHILIPPE couronné
Se voit de gloire environné,
Et qu'il commande à la fortune ;
Lorfque fes FRERES revenus
Font nôtre allegreffe commune,
Mufes, par quel malheur ne vous entend-on
  plus ?
Ah, que nôtre ame fût émuë,
Quand ces deux PRINCES glorieux
Qui charment nos cœurs & nos yeux
S'éloignerent de nôtre vûë ;
Nous ne pouvions nous confoler.
Mais à quoi bon d'en plus parler ;
Si dans le temps de leur voyage
Nous avons fouffert quelqu'ennui
Leur doux retour nous dédomage ;
Que pour le celebrer tout s'uniffe aujourd'hu
Fils d'Appollon, efprits d'élite,
Affemblez vos talens divers ;
A former de nouveaux concerts
Tout un Peuple vous follicite.

Que tout aux PRINCES en ce jour
Marque sa joye & son amour :
Vous aussi filles de memoire,
Venez plus vîte que les vents,
Vous feriez tort à vôtre gloire
Si vous nous refusiez vos plus tendres accens.
Pour vous, Bergers des Pyrénées,
Vous n'êtes pas assez polis
Pour chanter la gloire des lis ;
Admirez-en les destinées ;
Contentez-vous d'aller chercher
Dans vos deserts quelque rocher ;
Mais un rocher des plus durables
Où vous puissiez profondement
Graver les deux noms memorables
De l'Auguste PHILIPPE & de LOUIS LE
 GRAND.
Saone, Loire, superbe Rhône,
Vous qui comblez de vos tresors
Les Bergers de vos heureux bords ;
Et vous Peuples dont la Garonne
Remplit aussi tous les desirs,
Racontez-nous tous vos plaisirs

Que les échos de vos rivages
Apprennent à tout l'Univers
Que ces Heros jeunes & sages,
Gouverneront un jour & la terre & les mers.
Mais qui pourroit de la Bourgogne
Exprimer le rare bonheur ?
Ciel que de joye, & que d'honneur !
Plus heureuse que la Gascogne
Et que tous ces autres climats,
Elle a reçû dans ses Etats
Son Protecteur & son cher Prince.
Puissant * Oracle de Dijon,
Te tairas-tu quand ta Province
Celebre les vertus du Heros de son nom.
Etale la magnificence
Qu'on vit éclater en ces lieux,
Quand ce PRINCE cheri des Cieux
Remplit Dijon de sa presence :
Dépeins nous ces Arcs triomphaux
Ornez de cent titres nouveaux
Qu'on y grava pour sa memoire :

* M. de la Monoie qui a remporté le prix de l'Academie Françoise trois fois, est de Dijon, & y reside.

Retrace-nous tous ces beaux feux
Qui n'ont brillé que pour sa gloire ;
Quel autre mieux que toi peut dépeindre ces jeux.
Quel bruit ? Quel feu ? Quelle allegresse ?
Je n'entends que cris redoublez :
Tous les François sont assemblez,
Je vois la foûle qui se presse ;
Animez d'une même ardeur,
Ils n'ont plus tous qu'un même cœur ;
Et font au Ciel même priere.
C'est que toûjours les petits fils
Suivent l'exemple de leur pere,
Comme leur pere suit l'exemple de LOUIS.
O Ciel ! Quel éclat de lumiere !
Quand le Soleil dans sa splendeur
Voit ces Aiglons remplis d'ardeur
L'accompagner dans sa carriere ;
Surpris de leur rapidité
Il trouve dans leur fermeté
Tous les charmes d'un bon présage,
Ce plaisir redouble ses feux,
Et nous lisons sur son visage

Que les jours des François en feront plus
    heureux.
    Ainſi que la ſaiſon nouvelle
    Par ſa verdure & par ſes fleurs
    Rallume la joye en nos cœurs
    Et rend la campagne plus belle;
    Ainſi deux Aſtres precieux
    Enfans du Soleil glorieux,
    Que le Ciel ramene à leur pere,
    Portant leurs feux de tous côtez,
    Comme l'Aſtre qui les éclaire,
Font aimer en tous lieux leurs brillantes clartez.
    Quelle eſt ta gloire heureuſe France ?
    Quelles douceurs, & quels plaiſirs
    S'offrent en foûle à tes deſirs,
    Et previennent nôtre eſperance.
    Reconnois ton heureux deſtin,
    Le Ciel te rend ton cher Dauphin,
    PHILIPPE regne ſur le Tage,
    Ses deux FRERES ſont de retour,
    Eh, que voudrois tu davantage?
LOUIS de l'Univers eſt la gloire & l'amour,

MADRIGAL

*Sur le Rétablissement de la Santé
de* Monseigneur.

JE ris de voir la Medecine
Se débattre sur l'origine
De ce mal qu'a souffert nôtre Auguste Dauphin.
Penetré du plaisir de sa convalescence,
Sans être Philosophe, Artiste, ou Medecin,
En peu de mots, voici ce que j'en pense.
Peuples qu'on vit tous abbatus
Craindre pour ce grand Prince une atteinte mortelle,
Tristes François ne pleurez plus ;
Le Ciel qui le fit naître avec tant de vertus
N'a voulu par son mal qu'éprouver nôtre zele.

A

MONSEIGNEUR D'AGUESSEAU
PROCUREUR GENERAL
AU PARLEMENT DE PARIS,

Sur la Naissance de son cinquième Fils.

Depuis le jour heureux de vôtre Mariage
 La Chronique compte cinq ans ;
 Et vous avez cet avantage
 De les compter par vos enfans.
 Puisse la FRANCE qui vous aime
 Vous voir long-tems compter de même :

Dans l'immense Paris il n'est point d'habitant
 Dont le cœur ne parût content,
 Si par un enfant chaque année
 Vous augmentiez vôtre lignée :
Gardez-vous de tromper un si flateur espoir.
Telle est des DAGUESSEAUX l'heureuse destinée
 Que l'Etat n'en peut trop avoir.

De vôtre tige incomparable
On chérit tous les rejettons
Autant qu'on aime les rayons
De cette lumiere admirable
Que le Soleil repand sur nous
Quand il veut nous combler de ses biens les
plus doux.
Vos Fils feront un jour la gloire de leur âge;
Voici, comme la voix du public les partage.
Prés de vous, sur les fleurs de Lis,
Les uns, semblables à leur Pere
En soûtiendront si bien le noble caractere
Qu'ils feront comme vous le plaisir de The-
mis.
Les autres, penetrez d'une gloire plus pure,
Rempliront avec dignité
Les devoirs de la Prélature
Et feront en tous lieux aimer la verité.
Leurs sublimes vertus à la suite des vôtres
Se répandront de tous côtez,
Et les puissans attraits des unes & des autres
Triompheront des cœurs que le vice a gâ-
tez.

Mais, nos ames seront charmées
De voir le reste de vos Fils
Commander un jour des Armées
Pour le Service de LOUIS.
Enfin dans le Barreau, dans l'Eglise, à la guerre,
Chacun d'eux doit trouver un destin glorieux;
Et vous devez donner des Heros à la terre
Et des Anges aux Cieux.
On ne sçauroit trouver aucune flatterie
Parmi ces Eloges divers :
Touché de vos vertus le public se récrie,
Et je n'exprime dans mes Vers
Que les vœux de tout l'Univers.

A
MONSEIGNEUR LE MARQUIS DE MONTAIGUT PROCUREUR GENERAL

AU PARLEMENT DE TOULOUSE,

Sur la Naissance de son premier Fils qu'il n'a eu que huit ans aprés son Mariage.

MADRIGAL.

Avant que le Printemps nous presente ses fleurs
Il nous les fait beaucoup attendre ;
Et le Ciel pour nous mieux surprendre
Nous differe souvent ses plus rares faveurs :
Vous desiriez un Fils, & vous l'avez vû naître,
Mais avec des attraits qui peuvent tout charmer ;
Ce qui nous fait assez connoître
Que le Ciel travailla long-temps à le former.

ODE
A MONSIEUR BOUTARD
FAMEUX POETE LATIN.

Les Lauriers fleurissoient dans le Sacré
    Vallon :
Les Lierres y brilloient d'une pareille grace,
Quand le fameux Santeüil inspiré d'Appollon,
Se faisoit un plaisir d'habiter le Parnasse.

Mais depuis que la mort l'a reduit au tombeau,
En ces Lieux enchantez, tout a changé de face:
Les Lauriers ont seché sur le double Coupeau,
    Et les Cyprez ont pris leur place.

Phœbus qui luy dicta ses Odes les plus belles,
De ce rare genie admira la vertu :
Et Pegase arracha les plumes de ses aîles
Dés que parmi les morts il le vit abatu.

Mais, Muses, moderez la douleur qui vous
    presse.
Le desespoir sied mal à des cœurs immortels

BOUTARD réparera les troubles du Pe‑
 meſſe,
Et ſçaura rélever l'honneur de vos Autels.

Quand il fait éclater les accens de ſa Lyre
A l'honneur de Fléchier & du Doct.
 de Meaux,
Il forme des concerts ſi doux & ſi nouveaux
 Que tout le monde les admire.

Lorſqu'il chante Marli, Verſailles, Triannon,
 Il chante de ſi bonne grace,
Qu'on le croit heritier de la Lyre d'Horace
 Et Secretaire d'Appollon.

Quand du plus Grand des Roys il dépeint le
 modelle ;
Son eſprit occupé de ce rare Portrait,
Avec tant de juſteſſe en forme chaque trait
Qu'il donne à ſes Ecrits une grace nouvelle.

 Mais c'eſt trop peu dire pour luy,
 En deux mots voici ſon Hiſtoire.
 LOUIS le Grand eſt ſon appuy ;
 C'eſt ce qui fait toute ſa gloire.

A SON ALTESSE ROYALLE
MONSEIGNEUR LE DUC D'ORLEANS

Sur son assistance à la Tragedie de Sedecias, que l'on representa au College d'Harcourt.

C'est un des Principaux Acteurs de la Piece qui parle.

Quelque dessein qui vous amène
Fameux PRINCE ne croyez pas
De trouver rien en nôtre Scene
Qui merite qu'ici vous arrêtiez vos pas.
Le Spectacle qu'on vous prépare
Aussi touchant qu'il est barbare
N'offre que cruautez, que tourmens, que douleurs;
Vous y verrez deux Rois de differentes mœurs;
L'un fait l'étonnement de toute la nature
Par les excez de ses fureurs
Et l'autre attendrit tous les cœurs
Par l'excés des maux qu'il endure.
Nabucodonosor tiran audacieux
Au Roy Sedecias fait arracher les yeux.
Qui se plairoit à voir un Grand Roy qu'on accable

Par les ordres cruels d'un Prince impitoyable.
On ne peut sans douleur vous le representer
PRINCE ; quels plaisirs donc aurez-vous d'écouter.
Ah, ceux que la pitié, que l'horreur assaisonne
Ne sçauroient récréer Vôtre Auguste Personne,
Et le portrait d'un Roy dans son accablement,
Ne peut estre pour vous un divertissement.
Cependant vous venez à ce triste Spectacle
Comme s'il renfermoit quelque nouveau miracle ?
Comme si nous pouvions vous charmer par nos Vers
Mieux que ne font Quinaut & Lulli par leurs Airs,
Ou que nous sçussions mieux que Racine & Corneille
Divertir vôtre esprit, & flater vôtre oreille.
Les charmes de la Cour si puissans & si doux
N'ont pû vous empêcher de venir jusqu'à nous ;
A vos propres plaisirs vous preferez les nôtres

Vous nous en procurez même au dépens des
  vôtres;
C'est quiter les plaisirs, c'est quiter leur sejour;
Que quiter un moment & LOUIS & sa Cour.
D'imiter ce Grand Roy vous avez l'avantage,
Et nous voyons en vous reluire son image:
La gloire qui le tient affermi dans son rang,
Vous rend digne à ses yeux d'être issu de son
  Sang,
Et la seule vertu qui soûtient sa Couronne
Fait rejalir sur vous l'éclat qui l'environne.
L'on diroit à vous voir que vous venez exprés
Pour nous faire admirer ce Soleil de plus prés.
Quel excés de bonté! quelles graces vous rendre!
Pour ce comble d'honneur que nous n'osions
  attendre.
Souffrez que pour repondre à vos rares bienfaits
Nos cœurs remplis de zele unissent leurs sou-
  haits.
O Ciel daigne acquitter nôtre reconnoissance,
Conserve ce Heros si cheri de la France:
En prolongeant sa vie au dépens de nos jours;
De ses prosperitez éternise le cours.

AU ROY,
SONNET

Sur les Bouts-Rimez des Lanternistes de l'année 1696.

L'Univers est charmé de ta vertu . . . *Sublime*,
Ton Sceptre a moins d'éclat qu'elle n'a de *Candeur* :
Elle couvre ton front d'une noble . . . *Splendeur*,
Elle seule te plaît, elle seule t' . . . *Anime*.

Sans cesse elle s'applique à détruire le . . . *Crime*
Et signale envers Dieu ton heroïque . . . *Ardeur*,
Tu tires de son fond ta solide . . . *Grandeur*,
Ton cœur est son Autel, son Temple, sa . . . *Victime*.

En vain mille rivaux orgueilleux & . . . *Mutins*
S'éforcent contre toy de fléchir les . . . *Destins*,
Tu verras à tes pieds leur audace . . . *Etouffée*.

Plus ferme qu'un rocher n'est au milieu des . . . *Flots*,
Dans leur fameux débris tu trouves un . . . *Trophée*
Qui venge ta clemence, & punit leurs . . . *Complots*.

AU ROY,
SONNET.

Sur les mêmes Bouts-Rimez.

ON admire ta gloire & ta vertu . . . *Sublime*;
  L'une par son éclat, l'autre par sa . . . *Candeur*
Te couvre tour à tour d'une noble . . . *Splendeur*,
La vertu te soutient quand la gloire t' . . . *Anime*.

  Contre toy la discorde en vain arme le . . . *Crime*;
En vain de tes rivaux elle irrite l' . . . *Ardeur*:
Le Ciel qui fut toûjours l'appuy de ta . . . *Grandeur*
Ne permettra jamais qu'elle soit leur . . . *Victime*.

  Lorsque ton bras pourroit détruire ces . . . *Mutins*,
Dont malgré la fureur tu regles les . . . *Destins*,
L'on voit par ta bonté ta colere . . . . *Etouffée*.

  Triomphant sur la terre ainsi que sur les . . . *Flots*,
Ton cœur dans leur pardon qui te vaut un . . . *Trophée*
Trouve plus de plaisir qu'à punir leurs . . . *Complots*.

A MADAME DE MAINTENON, SONNET.

Sur les mêmes Bouts-Rimez.

Dans le sein de la Cour une vertu . . . *Sublime*
Conserve rarement l'éclat de sa . . . *Candeur,*
Tel y paroît content, & couvert de . . . *Splendeur,*
Qu'un secret desespoir contre son sort . . . *Anime.*

L'orgueil, l'ambition, la volupté, le . . . *Crime*
Des aveugles mortels y consument l' . . . *Ardeur,*
Occupez nuit & jour d'une vaine . . . *Grandeur,*
Jusques dans le cercueil ils en sont la . . . *Victime.*

La Cour est une mer dont les vents sont . . . *Mutins,*
Son calme trop souvent cache d'affreux . . . *Destins,*
Tel ressent sa fureur qui la croit . . . *Etouffée.*

Vos vertus, MAINTENON, à l'abri de ses . . . *Flots,*
Sur le vice abatu s'érigent un . . . *Trophée*
Qui fait rougir l'envie, & brave ses . . . *Complots.*

AUTRE AU ROY

Sur les Bouts-Rimez de l'année 1697.

OU le Soleil se couche, où se leve l' ... *Aurore*,
Grand Roy vous soûtenez le nom de vos .. *Ayeux*.
Vous estes le premier au rang des Demi ... *Dieux*,
Cet honneur vous est dû, nul mortel ne l' ... *Ignore*.

L'Abondance, la Paix, Cerés, Pomone ... *Flore*,
Benissent vos bontés, vos soins ...... *Ingenieux*
Mars se fait un plaisir d'étaler à nos ..... *Yeux*
Les Lauriers que sa main sur vôtre front ... *Arbore*.

Comme l'Astre du jour vous estes sans ... *Pareil* ;
De vos rares vertus le brillant ..... *Appareil*
En vous des plus Grands Roys nous depeint le .. *Modele*.

Vous avez de neuf Sœurs épuisé les .... *Accens*.
A suivre vos Drapeaux la Victoire est ..... *Fidelle*.
Et l'Univers pour vous n'a pas assez d' .... *Encens*.

EPITAPHE
DE MADEMOISELLE
DE SCUDERY.

SApho n'est plus, ah, quel malheur !
Nous n'en verrons jamais une autre ;
Quand les Grecs perdirent la leur ;
Leur perte ne fût pas si grande que la nôtre.

FIN.

www.ingramcontent.com/pod-product-compliance
Lightning Source LLC
Chambersburg PA
CBHW060451050426
42451CB00014B/3262